Inhalt

Frau Andrea Keidel, anerkannte Züchterin im DTK 1888 e.V., danken wir sehr herzlich für die Bereitschaft, ihre Teckel von der Dachswandquelle von uns fotografieren zu lassen.

© Verlag Heiderose Fischer-Nagel,
Brunnenstraße 7, D-34286 Spangenberg
Tel.: 05663-280, Fax: 05663-6562
E-Mail: fischer-nagel@t-online.de, URL: www.fischer-nagel.de
Alle Rechte, auch die der Bearbeitung oder auszugsweisen Vervielfältigung
gleich durch welche Medien, vorbehalten.
Fotos: **Andreas Fischer-Nagel**;
außer: S. 8 Diethelm Rabe; S. 9 u.r. Niewiadomek;
S. 13 + 41 o.l. Annemarie Tritt;
Shutterstock: S. 2/3 + 44/45 Maria Ivanushkina,
S. 7 o.r. Stanizi, S. 7 u.r. Capture Light.
Druck und Bindung: Westermann Druck Zwickau GmbH

ISBN 978-3-930038-55-8

FSC
www.fsc.org
MIX
Papier aus ver-
antwortungsvollen
Quellen
FSC® C110508

Heiderose und Andreas Fischer-Nagel

Dackel leben auf kurzen Beinen

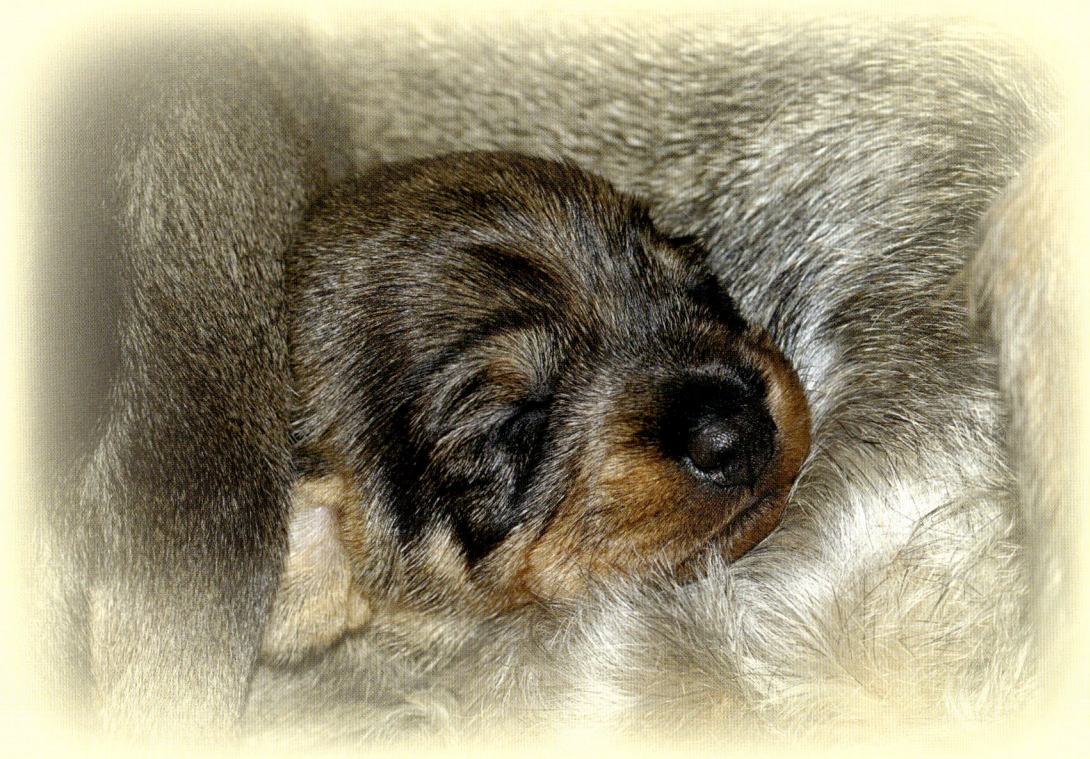

Verlag Heiderose Fischer-Nagel

Die Vorfahren des Dackels

Unter all den zahlreichen kleinen und großen Hunden gibt es den Dackel. Er ist ein echter Schlawiner, ein Frechdachs, dickköpfig und stur, hört öfter einfach nicht hin, wenn Frauchen oder Herrchen etwas von ihm wollen. Dennoch ist er ein wunderbarer, liebenswerter und fröhlicher Familienhund und Jagdgehilfe, der seinen Menschen viel Freude bereitet.

Dackel haben eine lange Geschichte, die bis in die Zeit der Kelten zurückreicht.

Die Kelten betrieben Ackerbau und Viehzucht und gingen zur Jagd. Neben dem riesigen Irischen Wolfshund, den sie nutzten, um größere Tiere zu jagen und Spuren von Feinden zu verfolgen, hatten sie einen kleinen Jagdhelfer, den Vorfahren unseres heutigen Dackels. Dieser dackelähnliche Hund, den auch Gallier, Römer, Griechen und Ägypter nutzten, hieß »Segusier« oder »Bracke« und war etwas größer gebaut. Er hatte keine Schlappohren, sondern aufrechte Stehohren und etwas längere Beine.

Die Menschen damals setzten diese Hunde ein, um Füchse, Dachse und Nagetiere schon in ihren Bauen und Löchern aufzustöbern. Die Hunde jagten sie hinaus, damit die Menschen die Hühner- und Entenjäger, die anders nicht zu erwischen waren, erlegen konnten. Genau diese fabelhaften Jagdeigenschaften der Hunde nutzten auch die Menschen im Mittelalter.

Bis zum 18. Jahrhundert hießen diese Hunde »Tachs-Krieger«, »Tachs-Kriecher« oder »Tachs-Schliefer«.

Aus diesen Namen entwickelten sich ihre heutigen Namen: Dachshund, Dackel und Teckel.

Doch die Gestalt dieses ursprünglichen Dackels veränderte sich seitdem. Die Hundezüchter verpaarten ihre Bracken mit ver-schie-denen anderen Hunderas-sen, wie Wachtel-hunden, Spaniels und Ter-riern. Bald

bildeten sich unsere drei bekannten, ver-schiedenen »Dackelarten« heraus, der »Langhaar-, Kurzhaar- und Rauhhaarda-ckel«. Alle drei Rassen besitzen einen langgestreckten Körper mit kurzen, aber möglichst geraden Beinen sowie hän-gende Ohren. Nur im Fell unterscheiden sie sich, wie dir der Name schon verrät. Viele Dackel gehen auch heute mit auf die Jagd, stöbern Füchse und Dachse auf und sind mit ihren Supernasen her-vorragende Fährtenleser. Andere Dackel sind reine Familien- und Begleithunde, bei denen der Jagdtrieb nicht sehr stark ausgeprägt ist.

Der Langhaardackel (oben) hat ein seidig wei-ches Haarkleid, während der Kurzhaardackel (unten) kurzhaarig, glatt und glänzend daher kommt. Beide können rot oder schwarzrot sein.

Wie der Wolf »zum Hund« wurde

Der Dackel stammt wie alle Hunde vom Wolf ab, den es schon seit ungefähr 40 Millionen Jahren auf der Erde gibt. Lange Zeit war der Wolf jedoch ausgestorben. Erst seit wenigen Jahren gibt es wieder einige Rudel in Deutschland. Sie stehen unter Naturschutz.

Für uns sind die Wölfe so interessant, weil die Hunde viele Eigenschaften ihrer wilden Vorfahren behalten haben. Wölfen ist es angeboren, sich zu einer Gemeinschaft zusammenzuschließen, die ihnen Schutz und Geborgenheit bietet. Das Rudel wird von einem starken, erfahrenen Tier und seiner Gefährtin geführt, denen die Rudelmitglieder vertrauen. Dieses Verhalten machte sich der Mensch zu Nutze. Er lockte hungrige Wölfe an und gliederte sie in das »Menschenrudel«, seine Familie, ein. So wurden sie zu treuen Gefährten.

Das geschah vor 10 000 bis 12 000 Jahren. Der Mensch übernahm die Rolle des Leittieres, des Rudelführers, und nutzte die Geschicklichkeit des Wolfes für die Jagd. Nach und nach entstanden durch Zucht aus Wölfen unsere Hunde. Ihr Aussehen veränderte sich und es wurde noch leichter, sie »zu führen«.

Innerhalb der Menschenfamilie entwickelt der Hund eine besondere Beziehung zu einer Person und erkennt sie als Rudelführer an. Andere Familienmitglieder sind Rudelmitglieder, mit denen er spielt, Futter erwartet und Geborgenheit sucht. Ein gut und liebevoll behandelter Hund vertraut uns und ist uns ein Leben lang treu ergeben.

Im Laufe der Jahrhunderte entstanden durch Zucht mehr als 400 verschiedene Hunderassen, doch nur im Deutschen Schäferhund erkennst du noch den Wolf. Bei den kleinen Pekinesen, Möpsen und Rehpinschern erinnert nichts an den wilden Vorfahr.

Bei ihrer Zucht standen Schönheit, Gestalt und familienfreundliches Verhalten im Vordergrund. Sie eignen sich nicht mehr zum Hüten, Schützen oder zur Jagd. Es sind ausschließlich »Familienhunde«. Nur wenige kleine Hunde »arbeiten« als Gebrauchshunde.

Der Deutsche Schäferhund (links) ist dem Wolf sehr ähnlich.
Aber schau dir nur den kleinen Chihuahua (rechts) an! Ob er in eine Handtasche passt?

Donna von der Dachswandquelle

Dackel lieben das Familienleben. Freudig nehmen sie an allem teil und machen es sich bei ihrem Menschenrudel gerne auf dem Sofa gemütlich. Sie freuen sich über leckeres Futter, weil sie immer Hunger haben und sind stets gut gelaunt.

Donna, die kleine Rauhhaardackelhündin springt hier fröhlich durch die Wiese, stupst ihre Gefährten zum Spielen an, wedelt mit dem Schwanz, wenn sie sich freut und verteidigt knurrend ihr Lieblingsspielzeug.
Viele Leute nennen ihren Dackel »Waldi«, »Lisa«, »Waldfee« oder »Hubertus«. Ursprünglich haben die Hunde dabei ganz andere Namen, nämlich die, die ihnen ihr Züchter gegeben hat. Sie tragen außer einem Vornamen, wie zum Beispiel »Donna«, noch den Zwingernamen »von der Dachswandquelle«. Das ist so ähnlich wie für uns Vor- und Nachname. Wer Hunde züchtet, achtet sehr darauf, dass nur Tiere mit den besten Eigenschaften verpaart werden. Dazu gehören Schönheit, Wesensfestigkeit und Gesundheit. Nichts wird dem Zufall überlassen. Oft reisen die Hundezüchter quer durchs Land, wenn sie für ihre Hündin einen besonders edlen, gesunden Deckrüden ausgesucht haben, der einen perfekten Stammbaum, eine Ahnentafel, hat und nun seine allerbesten Eigenschaften weitervererben soll. Im Stammbaum werden alle Vorfahren aufgeführt und natürlich ihre Besonderheiten und Leistungen. Er ist ein wichtiges Dokument in der Hundezucht.

Dackelhochzeit

Donna *(Bild unten)* ist drei Jahre alt und besitzt einen super Stammbaum. Sie hat den perfekten Körperbau, der sich in Länge, Gewicht und Brustumfang bestimmen lässt, ist kerngesund, hat drahtiges, graubraunes Fell mit guter Unterwolle und muskulöse Beine. Sie ist intelligent, lernfreudig, mutig und wesensfest, was so viel wie freundlich und unerschrocken heißt.

Der Rauhhaardackelrüde Asterix von der Wallreckte *(Bild rechts)* zeichnet sich durch eine besonders schöne »dunkelsaufarbene« Fellfarbe aus, bei der du sofort an ein Wildschwein denkst. Auf jeden Fall ist er der schönste Hundemann, den die Züchterin für Donna finden konnte. Außerdem hat er ein freundliches Gemüt und als Jagdhund zahlreiche Auszeichnungen erhalten. Dennoch ist er ein freundlicher Familienhund.

Endlich ist es so weit. Donna ist »heiß«.

Sie hat ihre fruchtbaren Tage, was nur zweimal im Jahr der Fall ist. Acht bis vierzehn Tage nach Beginn dieser Läufigkeit ist die beste Zeit für die Verpaarung. Die Wahrscheinlichkeit, dass sie den Samen des Rüden in sich aufnimmt, ist dann besonders groß.

Deshalb reist sie mit ihrem Frauchen zu Asterix. Sie ist im Auto in einer stabilen Transportbox untergebracht, damit ihr und Frauchen nichts passiert, wenn mal stark gebremst werden muss.

Ob sie weiß, dass sie sich paaren soll?

Natürlich nicht. Donna bleibt ganz ruhig. Doch kaum angekommen, haben sie und Asterix diesen wichtigen Augenblick erschnüffelt.

Die Paarung der beiden Rauhhaardackel dauert lange, nämlich bis zu 30 Minuten, ganz anders als zum Beispiel bei kleinen Nagern, bei denen das in Sekundenschnelle geht.

Nicht immer nimmt eine Hündin erfolgreich die Samen des Rüden auf. Ob es bei Donna geklappt hat?

Donna ist trächtig

Es hat geklappt! Bald merken wir, dass Donna trächtig ist. Sie ist nicht ganz so quirlig wie sonst, hat aber einen riesigen Appetit.

Die Tragzeit, die Zeit vom »Deckakt« bis zur Geburt, dauert 63 Tage, etwas mehr als zwei Monate. Donna wird das erste Mal Mutter.

Wie viele Welpen werden es sein? Wir müssen uns gedulden. Es sind gerade erst drei Wochen um.

Noch tollt Donna fröhlich durch den Garten und die Wiese, rennt mit ihrem Rudel, den Dackeldamen Bonny und Emily, um die Wette und lässt es sich gut gehen. Danach knurrt ihr kleiner Magen. Hoffentlich hat Frauchen schon den Napf befüllt.

In der zweiten Hälfte der Trächtigkeit rundet sich ihr Bäuchlein und zum Ende der Tragzeit ist Donna kugelrund. Wir denken manchmal, dass der Bauch bald auf dem Boden schleift.
Das Laufen fällt Donna etwas schwerer, sie ist langsamer und schläft viel.

Donnas großer Wurf

63 Tage sind vergangen. Donna liegt ruhig in ihrem Körbchen, blinzelt mal aus dem rechten Auge, dann aus dem linken. Ihre Zitzen sind angeschwollen. Jetzt möchte sie noch einmal hinaus in den Garten. Aber heute stromert sie nicht durch das Gebüsch, sondern hat es eilig, wieder ins Haus zu kommen.
Sie trampelt unruhig in der Wurfkiste herum, schiebt mit ihrer schwarzen Nase die Decke zurecht. Sie stampft und scharrt, bereitet sich ein Lager und lümmelt sich schließlich in eine kleine Kuhle. Doch schon springt sie unruhig auf. Sie dreht ihren Kopf, schaut auf den Bauch.

Hat sich da nicht etwas bewegt? Donnas Frauchen sagt: „Na, jetzt werden deine Kinder wohl kommen." Alles ist vorbereitet. Die Wurfkiste und eine Wärmelampe stehen bereit. Wir legen unsere Hand auf Donnas Bauch und spüren, wie sich etwas bewegt. Der Bauch spannt sich an und entspannt sich wieder, gerade so, als ob Wellen durch den Körper gehen. Diese Wellen heißen »Wehen«.
Sie leiten die Geburt ein und helfen der Hündin, die Jungen aus der Scheide zu pressen.

Wir warten gespannt – nichts passiert. Dann endlich, nach zwei Stunden »wirft« die Hündin.

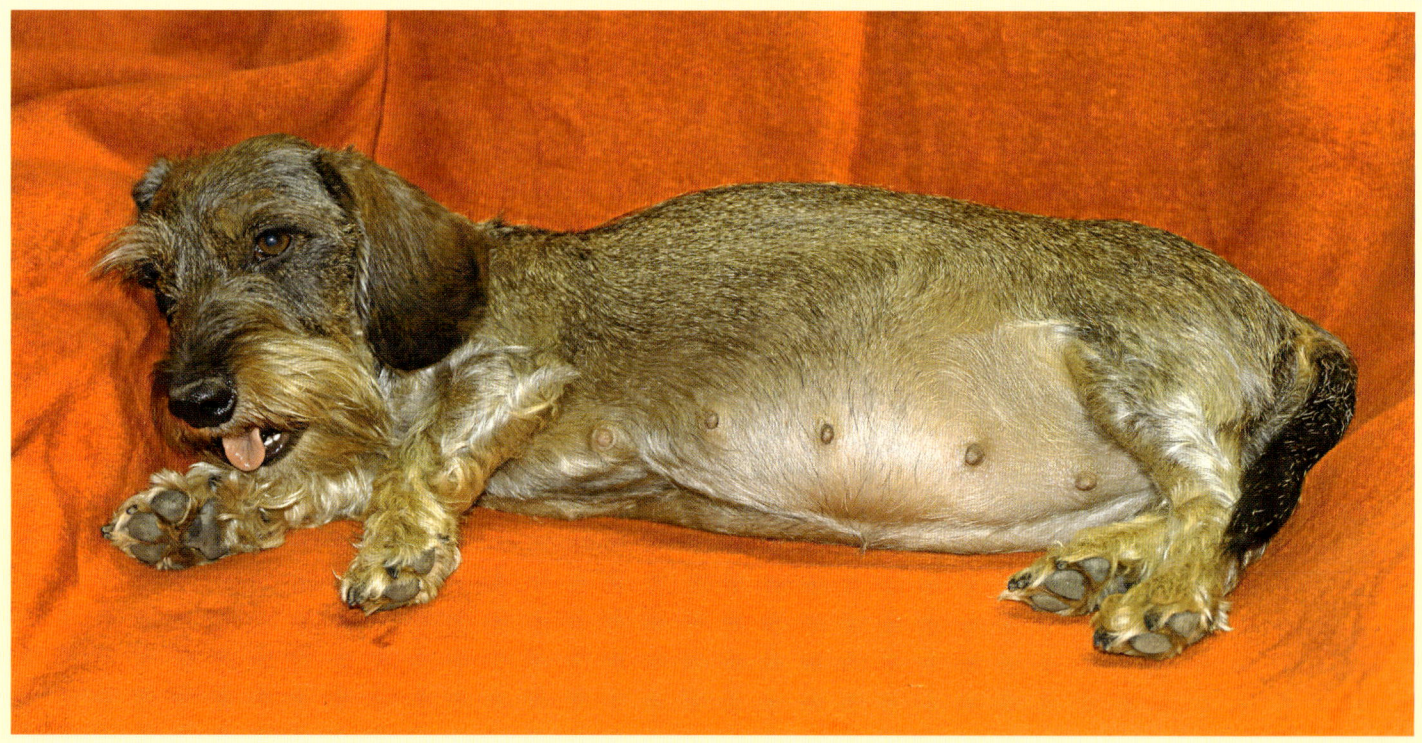

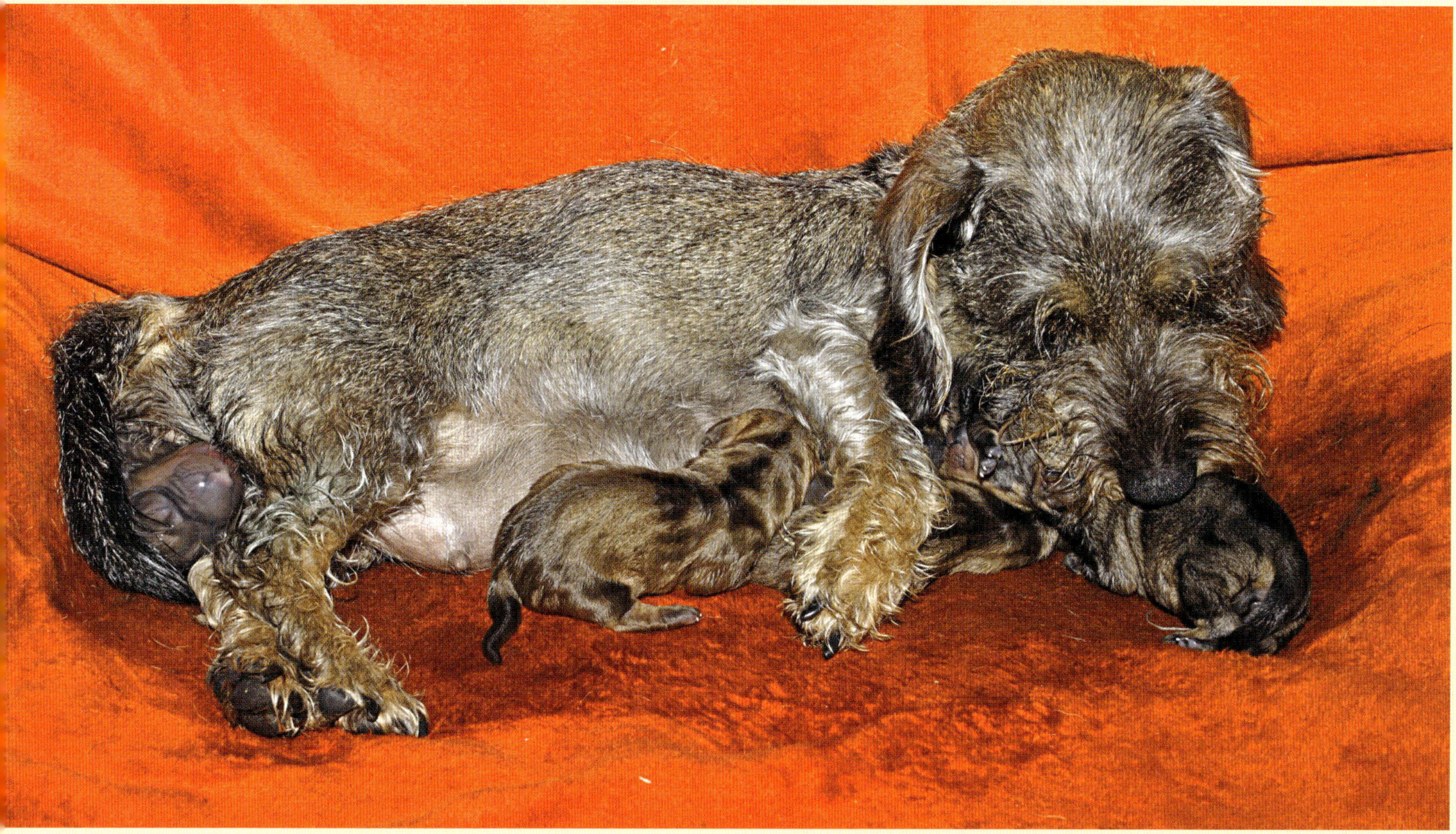

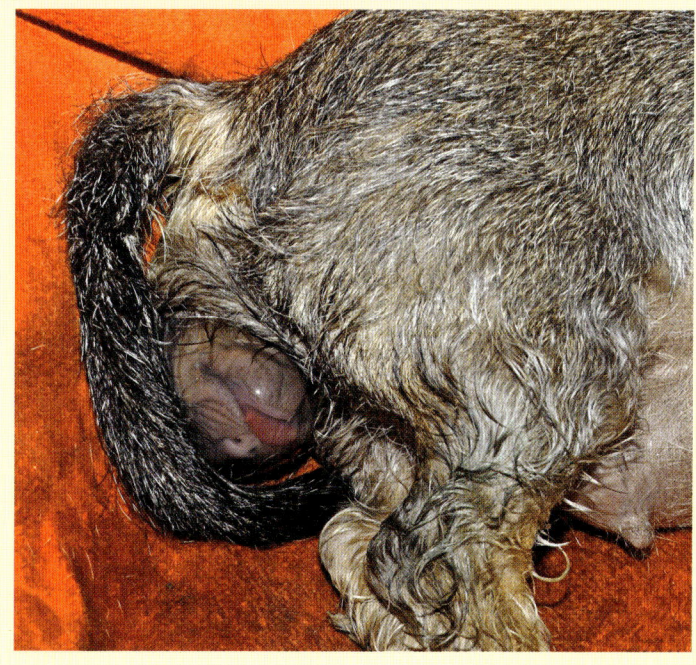

Etwas Fruchtwasser sickert aus der Scheide auf das Lager. Sekunden später liegt der erste Welpe neben Donna auf dem Lager. Er ist noch von der Fruchtblase umhüllt und nur, wenn du ganz genau hinschaust, kannst du seine kleinen Nasenlöcher und die Zunge erkennen.

Die Fruchtblase und das darin befindliche Fruchtwasser haben den Welpen im Bauch der Mutter vor Stößen geschützt.

Donna leckt die Fruchthülle auf und massiert ihren Welpen mit der Zunge. Sie beißt die Nabelschnur durch, über die er in ihrem Bauch ernährt wurde. Kaum ist die Fruchhülle von Nase und Maul abgeleckt, atmet er. Noch ist er ganz nass, aber Mama Donna leckt ihn trocken.

Viel Zeit bleibt ihr dafür nicht. Schon kommen Welpe Nummer zwei, drei, vier und fünf. Es sind vier Mädchen und ein Junge. Dicht kuscheln sie sich an Donnas Bauch und suchen nach den Zitzen. Auf ihren Bäuchen hängen Reste der Nabelschnur. Sie wurde bei der Geburt abgerissen oder von der Mutter durchgebissen. Jetzt, wo die Welpen selbst trinken können, brauchen sie die Nabelschnur nicht mehr, über die sie im Bauch der Mutter versorgt wurden.

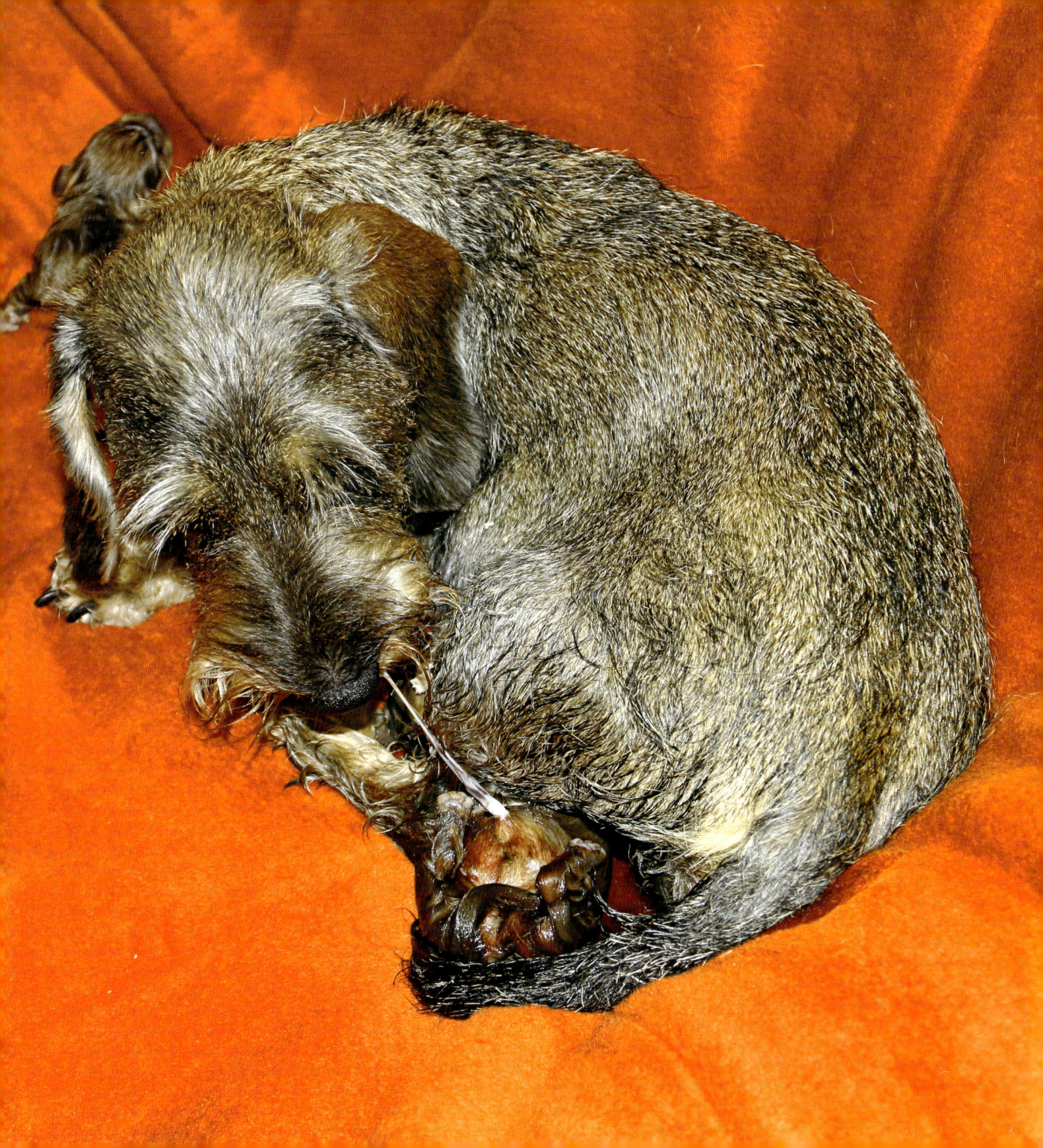

Hungrig

Die Welpen haben sich dicht an Donnas Bauch herangerobbt und saugen eifrig ihre erste Milch, die Kolostralmilch. Sie ist besonders nahrhaft.

Beim Trinken massieren die Kleinen mit ihren Pfötchen Donnas Zitzen. Schau nur, wie verschieden sie aussehen! Es sind drei braune und zwei dunkelsaufarbene. Letztere tragen einen schwarzen Aalstrich auf dem Rücken. Sie sind winzig! Jeder Welpe wiegt ungefähr 250 Gramm, gerade so viel wie ein Stück Butter.

Da liegen sie nun, wohlgenährt und proper, einer so schön wie der andere. Die Züchterin hat das große Glück, dass neben zwei saufarbenen auch drei seltene, schokoladenfarbige Welpen mit rosa »Lebernasen« dabei sind. Sie hat für ihren H-Wurf gleich Namen parat: Der einzige Junge soll Honigbär heißen, die Mädels Hanuta, Hazel (sprich „Heysel"), Hanne und Hella-Lieselotte.

Die Fünf können nicht sehen und hören. Die Ohren und Augen der Dackelkinder sind noch geschlossen und riechen können sie ebenfalls noch nicht.

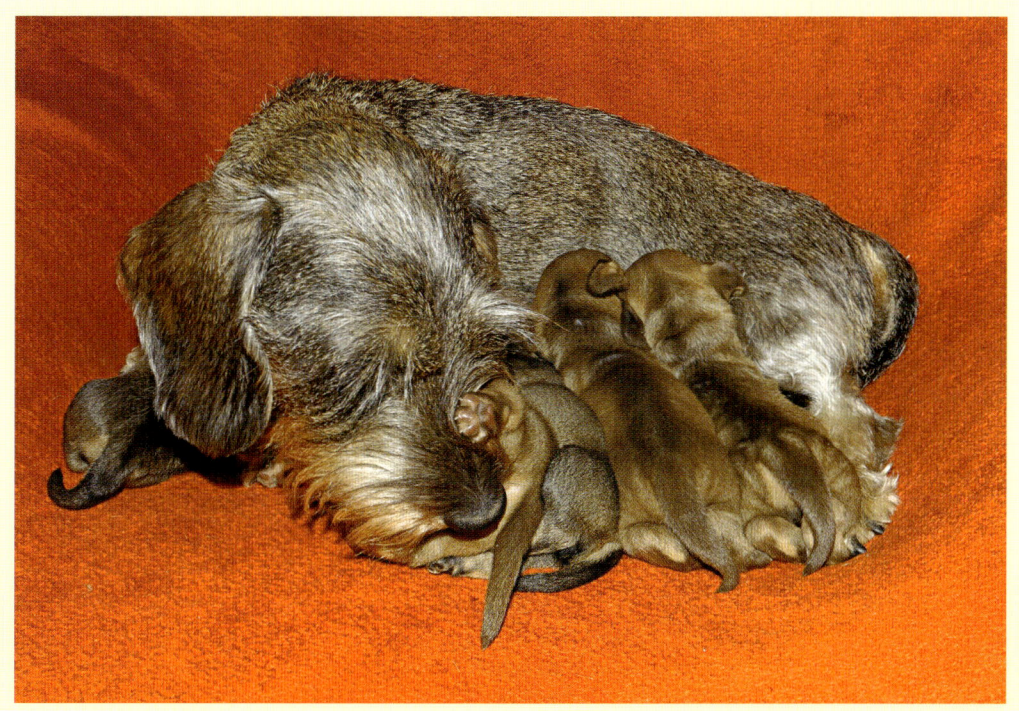

Donna entspannt sich. Sie ist ein wenig müde, sieht aber glücklich und zufrieden aus.

Die Züchterin, das Frauchen, ist froh, dass alles gut geklappt hat. Oft bekommen Hündinnen beim ersten Wurf nur drei Welpen. Aber fünf kleine Dackel, das ist gerade ein guter Wurf, nicht zu wenige und vor allem nicht zu viele Babys. Bestimmt hat Donna genug Milch für alle Welpen und die Züchterin muss keinen mit der Flasche füttern.

Ganz schön anstrengend

Die fünf Dackelkinder schlafen viel. Nur zum Trinken sind sie munter. Ihre Köpfe sind groß und mit den kurzen Beinen müssen sie sich fest in das Lager stemmen, um sich ein Stückchen vorwärts zu schieben. Donna hilft ihnen ein bisschen und stupst sie mit der Schnauze zu ihren Zitzen, denn schließlich soll jedes ihrer Kinder genug zu trinken bekommen. Wir streichen mit dem Finger über die kleinen Köpfe der Welpen. Wie weich sie sind. Honigbär denkt, der Finger wäre ein Zitze und saugt sich fest. Schnell

Körperpflege

Mehrmals täglich putzt Donna ihre Welpen. Sie leckt sie von Kopf bis Pfote ab, massiert mit ihrer rauen Zunge den Bauch der Kleinen, damit die Verdauung angeregt wird. Welpen gehen noch nicht Gassi. Die Hundemama sorgt dafür, dass die Kleinen immer sauber sind. Sie leckt Kot und Urin einfach auf, ein angeborenes Verhalten, das in der Natur dem Schutz der Jungen gilt. Ein stinkendes Lager würde die Welpen verraten und sie zu Opfern anderer Tiere werden lassen.

merkt er, dass hier keine Milch kommt und hört auf zu nuckeln.

Sobald die Welpen satt sind, verlässt Donna das Lager, um sich selbst zu stärken. Die Welpen kuscheln sich aneinander und wärmen sich gegenseitig. Manch einer liegt gemütlich auf dem Rücken und streckt alle Viere von sich. Schau, auf seinem Bauch erkennst du noch den Rest der Nabelschnur!

Augen auf!

Nun öffnen sich ab dem zehnten Tag langsam ihre Augen. Es dauert ein Weilchen, bis aus schmalen Schlitzen große Hundeaugen werden. Noch schimmern sie blaugrau und die Welpen sehen nicht sehr gut. Der Blick ist trüb und vor allem ungerichtet.

Fast gleichzeitig öffnen sich die Ohren und ein paar Tage später können die Kleinen riechen. Trotz des Fells sind sie zum Zeitpunkt der Geburt hilflos und werden als »Nesthocker« bezeichnet. Ohne ihre Mutter oder Hilfe durch Menschen würden sie nicht überleben. Frauchen hat den Welpen schon einmal kurz kleine Halsbänder umgelegt. Nun können wir sie noch besser voneinander unterscheiden. Aber Halsbänder sind unbequem und werden im Augenblick nicht wirklich gebraucht.

Von Tag zu Tag sehen die Welpen besser. Nach weiteren zwei Wochen sind Augen und Ohren perfekt aufnahmebereit. Neugierig beginnen sie ihre Umgebung zu erkunden. Sie bemerken, wenn wir uns nähern und gucken uns mit großen Augen an. Sie wackeln zwar noch etwas unsicher herum, beginnen jedoch schon, sich zu necken, in die Ohren zu zwicken und miteinander zu spielen.

25

Kleine Rasselbande

Inzwischen geht es rund in der Welpenkinderstube. Die Kleinen sind unterschiedlich groß. Hazel hat den meisten Appetit und ist von allen die Größte. Sie knurrt die Geschwister an und zwickt sie in die Beine. An den Zitzen von Donna drängelt sie sich in die bequemste Position. Da hat es die kleine Hanne ganz schön schwer. Immer wird sie abgedrängt! Und nun reißt auch noch Honigbär seine Schnauze auf. Ob er nach ihr schnappt?

Ach nein, er hat nur gegähnt. Sein Kopf sinkt schwer zu Boden. Honigbär ist müde und muss jetzt erst einmal schlafen. Auch Hanuta schaut uns müde an.

Die kleine Hella legt sich auf Honigbär. Ob das so gemütlich ist? Und Hanne? Die hat sogar schon die Augen zu.

Endlich an die frische Luft!

Der erste Tag im Garten ist mehr als aufregend. Frauchen hat die Welpen im bunten Einkaufskörbchen in den Garten getragen. Der Herbstwind lässt die Blätter durch die Luft wirbeln.

Hui, ist das kalt und nass! Alles riecht so spannend, die kleinen Nasen ziehen die neuen Gerüche ein.
Die trockenen Blätter rascheln unter ihren Pfoten. Donna hat zu tun, um ihre Welpen zusammenzuhalten. Wohin sie sich aber auch sofort verkrümeln!

Die Abendsonne scheint und die kleinen Dackel kneifen die Augen zusammen, weil es so hell ist. Es dauert ein Weilchen, bis sie über den Korbrand schauen. Neugierig betrachten sie die Welt. Schließlich stellen sie ihre kleinen Pfoten auf den Rand. Schon plumpst auch schon einer von ihnen auf den Rasen. Es ist Honigbär, dem die anderen nun mutig folgen.

Kleine Hunde kauen gerne auf Dingen herum. Nichts ist vor ihnen sicher, auch die guten Schuhe nicht, die du irgendwo stehen lässt. Manche Hunde mögen auch Bücher. Sie zerren sie aus dem Regal und kauen darauf herum. Hier draußen im Garten ist das nicht schlimm. Es gibt nur bunte Blätter und Stöckchen.

Honigbär und Hanne haben die Blätter als Spielzeug entdeckt. Sie wackeln darauf zu und wollen sie mit den spitzen Milchzähnen packen. Doch es riecht so seltsam, dass Honigbär niesen muss.

Schnell sind die Kleinen vom ersten Ausflug müde und sehr froh, als sie sich wieder im Körbchen zusammenkuscheln können!

Ein bisschen selbstständig

Hier im Garten verrichten die Welpen ganz selbstständig ihr Geschäftchen. Zum Pinkeln senken sie das Hinterteil ab, auch Honigbär, der, wenn er größer ist, als Hundemann lieber das Beinchen hebt. Im Haus haben sie eine Kiste, die sie inzwischen als Toilette benutzen.

Nicht alle Hunde werden schon »stubenrein« abgegeben und du musst ihnen erst beibringen, dass sie zum »Toilettengang« nach draußen geführt werden. Aber keine Angst, ein kleiner Hund lernt schnell.
Doch was ist denn da los?
Wer geht denn da?
Es gibt also noch andere Zweibeiner

außer Frauchen!
Da drüben geht ein Fremder.
Ob er freundlich ist?
Mal sehen.

Der Fremde verschwindet und die Welpen spielen weiter.

Nur Honigbär schaut ihm neugierig hinterher, als ob er denken würde: „Aha, hinter dem Zaun beginnt die große, weite Welt!"

Er schnuppert durch den Zaun und schaut sich das Ganze noch eine Weile an. Schließlich trollt er sich zurück. Frauchen ist froh, dass er nicht durch den Zaun geschlüpft ist.

Müde kuschelt er sich zu seinen Geschwistern ins gemütliche Körbchen und träumt davon, beim nächsten Mal auf große Schnüffeltour zu gehen.

Futter statt Milch

Schon längst hat Donnas Frauchen den Kleinen Futter angeboten. Es gibt Welpenfutter: Haferschleim, Hüttenkäse, später mageres Fleisch mit Flocken, Kalk für den Knochenaufbau, Vitamine und ein bisschen Quark für die Verdauung. Natürlich alles nur in kleinen Portionen. Das entlastet Hundemama Donna sehr, denn die Jungen wachsen schnell und sind entsprechend hungrig. Inzwischen hat sie es nicht mehr so gern, dass sie Milch saugen, denn die spitzen kleinen Milchzähne sind an den Zitzen recht unangenehm.

Beim Fressen an der »Näpfchentheke« siehst du zuerst, wer bei den Welpen »das Sagen« hat. Hazel hat sich als kleine Anführerin an die Spitze des kleinen Rudels gestellt. Sie geht zuerst zum Futternapf und schnappt nach den Geschwistern, die sich daraufstürzen wollen. Dabei ist doch für jeden der Tisch gedeckt.

Dicht nebeneinander stehen sie, jeder an seinem eigenen Napf. Schnell sind die kleinen Streitereien vergessen und es kehrt Ruhe ein, bis die Näpfe genüsslich ausgeleckt sind.

Fressen, spielen, schlafen. Die Züchterin ist ganz schön im Trab!
Wir staunen, wie die Rasselbande an jeder Ecke des Gartens zu Buddeln anfängt. Was wollen sie finden? Dackel sind die geborenen Erdarbeiter und graben sich mit den kurzen Beinen blitzschnell in den Boden. Nach und nach schieben sie die Erde aus dem gegrabenen Gang. Der Sand fliegt uns um die Ohren. Ob Hanne gerade ein Mäuschen ausgräbt? Wer weiß!
Die Züchterin muss sie alle im Auge behalten und das ist gar nicht so einfach!

Beim Tierarzt

Heute ist ein aufregender Tag für die Rasselbande, denn es geht zum Tierarzt.

Im Alter von sieben Wochen müssen die Welpen gegen Hundekrankheiten geimpft und zur eindeutigen Unterscheidung mit einem unter die Haut geschobenen Chip versehen werden. Das macht den Kleinen gar keinen Spaß, denn die Nadel ist sehr dick und es tut bestimmt ganz schön weh. Aber der Tierarzt ist vorsichtig. Sicher und schnell hat er die Rasselbande versorgt. Er freut sich über die gesunden kleinen Dackel, schließlich ist er selbst ein großer Dackelfan.

Nachdem sie vor der Untersuchung so lustig im Behandlungszimmer umhergerannt waren, haben sie sich danach schnell in ihrer Transportkiste versteckt.

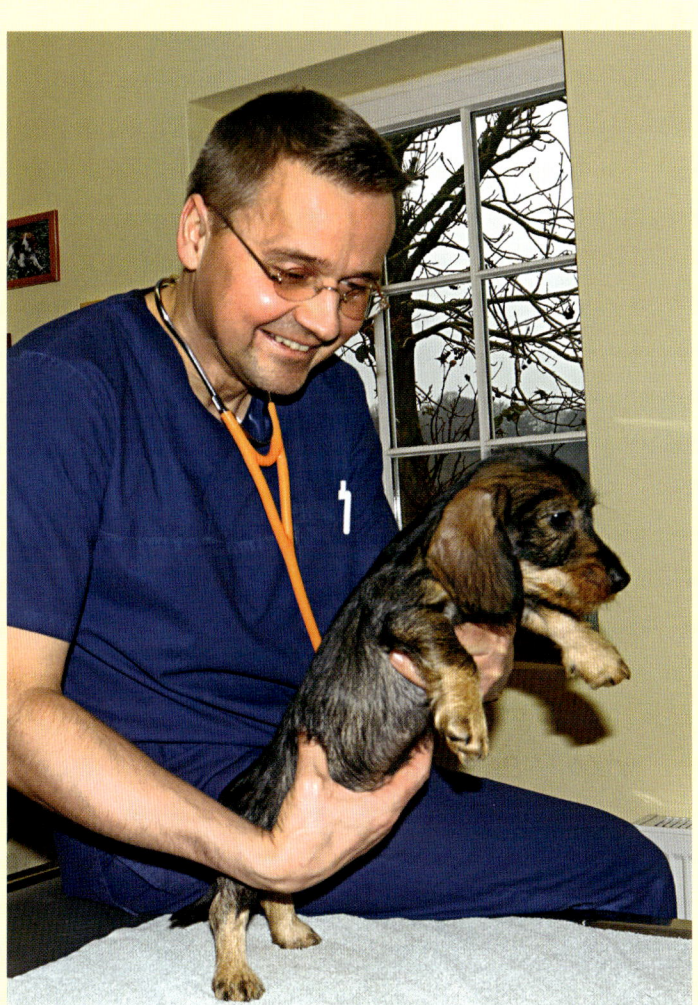

Untersuchung, Impfung und der Chip sind notwendig, um die »Zuchtpapiere«, auch »Stammbaum« genannt, zu erhalten.

Spielen und balgen

Die Welpen sind inzwischen mächtig gewachsen. Sieh nur, wie sie munter balgen und spielen! Sie schleppen ihr Spielzeug herum, knabbern alles an und veranstalten eine Art Tauziehen damit. Kein Wunder, dass bald die Fetzen fliegen.

Mit heiserem Gebell fordern sie einander zum Spielen auf und kugeln ausgelassen über den Boden. Auf dem glatten Fuß-

boden können sie herrlich hin und her schlittern.

Frauchen hat ihnen noch ein zusätzliches Körbchen aufgestellt. Ausgelassen wälzen sie sich darin und schlafen schließlich ein.

Es ist gar nicht so einfach, sich zu entscheiden, welcher Welpe am schönsten und liebsten ist. Alle sind sie auf ihre Art liebenswert und hübsch.

Eigene Wege

Donna springt nur noch zum Säugen in die Welpenkiste. Sie fühlt sich bedrängt und braucht ihre Ruhe, aber sie ist eine gute Mutter. Ein Fremder darf den Welpen nicht zu nahe kommen, dann knurrt Donna und manchmal fletscht sie warnend die Zähne. Schließlich sind das ihre Kinder und keiner soll sie ihr wegnehmen.

In Kürze sieht das schon anders aus. Die ersten Interessenten haben schon angerufen und möchten die Welpen anschauen, um sich rechtzeitig einen auszusuchen. Wir können uns gar nicht vorstellen, dass die kleine Familie getrennt wird. Es ist gut, wenn die neuen

Ein Welpe hat ein Menschenrudel in Frankreich gefunden und Hella eines in Amerika. Das Dackelmädchen hat die längste Reise vor sich.
Und Hanne? Sie genießt heute ihren ersten Waldspaziergang.
Der Wald ist wie ein Abenteuerspielplatz, voller Spuren und Gerüche. Da zu spielen muss toll sein.
Hanne hat großes Glück. Sie kommt als Zweithund zu einem jungen Jäger.

Besitzer so viel wie möglich von ihrem neuen Familienmitglied mitbekommen, es kennen lernen, um es in ihr »Menschenrudel« aufzunehmen. Tiere brauchen Liebe, Zuneigung und Respekt. Sie sind kein Spielzeug, sondern Familienmitglieder, die uns mindestens zehn Jahre lang begleiten. Manchmal leben Hunde sogar länger, es kommt darauf an, ob wir sie gut pflegen und ihre Bedürfnisse erfüllen.

Jäger Julian hat schon einen pfiffigen Rauhhaardackel. Er heißt Raudi und begleitet Julian bei Wind und Wetter. Gemeinsam pirschen sie durch den Wald. Raudi ist der perfekte Fährtensucher. Er zögert auch nicht, wenn er einen Fuchs aus dem Bau jagen soll, aber das kommt eher selten vor. Viel lieber geht Raudi auf eine Treibjagd. Damit er nicht im Dickicht übersehen oder für ein Wildschwein gehalten wird, bekonmmt er eine leuchtende Warnweste an.
So fit zu Pfote ist Hanne noch nicht. Aber das neue Herrchen nimmt sie im Rucksack mit und bildet sie zum Jagdhund aus. Na dann: „Waidmanns Heil!"

Abschied

Der Tag des Abschieds rückt immer näher. Donna kümmert sich kaum noch um ihre Kinder. Sie liegt lieber bei Frauchen auf dem Sofa oder im Körbchen vor dem Ofen. Es war eine anstrengende Zeit für die Hündin. Es macht ihr nicht so viel aus, dass die Welpen einer nach dem anderen das Rudel verlassen.
Alle Welpen finden nette Besitzer, darauf hat Frauchen geachtet.
Die Welpen sind dennoch ein wenig traurig. Manche fiepen und fürchten sich ein wenig, ohne ihre Geschwister.
Ob sie spüren, dass ein neuer Lebensabschnitt beginnt?

Für Hella geht es auf die lange Reise. Die kleine Nicole freut sich so sehr über ihren kleinen Hund, dass sie ihn gar nicht in die neue, rote Reisetasche setzen mag. Wie gut, dass so ein Winzling noch längst nicht sieben Kilogramm wiegt und als Handgepäck zählt!
Frauchen, Donna und wir wissen, dass sich die kurzbeinigen, fröhlichen Dackel bald in ihre neue Familie einleben werden. Wenn sie viel Liebe, Zeit zum Spielen und lange Spaziergänge geschenkt bekommen, werden sie ein Dackelleben lang zu treuen Begleitern.

Unsere weiteren Fotosachbücher: brillant, informativ,

978-3-930038-45-9

978-3-930038-13-8

978-3-930038-24-4

978-3-930038-17-6

978-3-930038-27-5

978-3-930038-15-2

978-3-930038-04-6

978-3-930038-14-5

978-3-930038-07-7

978-3-930038-38-1

978-3-930038-23-7

978-3-930038-25-1

978-3-930038-10-7

978-3-930038-46-6

978-3-930038-47-3

978-3-930038-02-2

978-3-930038-34-3

978-3-930038-36-7

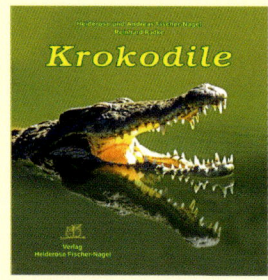
978-3-930038-35-0

978-3-930038-37-4

In Ihrer Buchhandlung oder Verlag Heiderose Fischer-Nagel, Brunnenstraße 7, D-34286 Spangenberg-

46